ENFANTS DU MONDE

LA PAUVRETÉ ET LA FAIM

LOUISE SPILSBURY

HANANE KAI

Texte français de
CHRISTINE LIABEUF

SCHOLASTIC

Première publication en Grande-Bretagne sous
le titre *Poverty and Hunger* en 2017 par Wayland,
Hodder & Stoughton, une marque de Hachette Children's Books, à Londres.

Catalogage avant publication de Bibliothèque et Archives Canada

Titre: La pauvreté et la faim / Louise Spilsbury ; illustrations de Hanane Kai ;
texte français de Christine Liabeuf.
Autres titres: Poverty and hunger. Français
Noms: Spilsbury, Louise, auteur. | Kai, Hanane, illustrateur.
Description: Mention de collection: Enfants du monde |
Traduction de: Poverty and hunger. | Comprend un index.
Identifiants: Canadiana 20190089334 | ISBN 9781443176569 (couverture souple)
Vedettes-matière: RVM: Pauvreté—Ouvrages pour la jeunesse. | RVM: Faim—
OOuvrages pour la jeunesse. | RVM: Catastrophes naturelles—Ouvrages pour la jeunesse. |
RVM: Aide économique—Ouvrages pour la jeunesse.
Classification: LCC HC79.P6 S6714 2019 | CDD j362.5—dc23

Édition publiée par les Éditions Scholastic,
604, rue King Ouest, Toronto (Ontario) M5V 1E1 CANADA.

6 5 4 3 2 Imprimé en Chine CP159 21 22 23 24 25

Conception graphique de Sophie Wilkins.

Table des matières

La plupart des gens ont assez d'argent pour acheter tout ce dont ils ont besoin, comme de la nourriture, et ce dont ils ont envie, comme des friandises.

Être pauvre, c'est avoir peu d'argent ou n'en avoir pas du tout. Les gens pauvres ne mangent pas à leur faim, car ils n'ont pas les moyens d'acheter de quoi se nourrir. Or la faim affaiblit, fatigue et rend malade. Sur Terre, environ un individu sur dix ne mange pas assez pour être en bonne santé.

Les pays en développement comptent les familles les plus pauvres du monde. Leurs habitants ont souvent très peu d'argent : moins de trois dollars par jour pour acheter de la nourriture, de l'eau potable, des vêtements et des médicaments, et pour se loger.

Il y a des personnes démunies et affamées dans les autres pays. La pauvreté et la faim ont des causes diverses qui échappent souvent au contrôle des gens.

Les trois quarts des gens qui souffrent de la famine vivent de l'agriculture. Parfois, ils manquent d'argent pour acheter des outils ou des semences. De plus, s'il ne pleut pas, les cultures et les animaux dépérissent. Sans nourriture, les habitants risquent de mourir de faim.

Certains sont pauvres parce que l'entreprise où ils travaillaient a fermé, qu'ils sont peu payés ou qu'ils ont un handicap les empêchant de travailler. Dans un foyer, si la personne qui gagne de l'argent part, le reste de la famille ne mange pas toujours à sa faim.

Les guerres engendrent pauvreté et famine, car les gens doivent se battre au lieu de travailler. Les fermes sont détruites, les animaux, tués. Quelquefois, des mines sont placées dans les champs, empêchant les fermiers de travailler la terre pendant des années.

La guerre contraint les populations à quitter leur maison. Elles fuient pour trouver un endroit plus sûr et deviennent des réfugiés. Mais quand elles arrivent à destination, sans travail et sans argent, elles ne peuvent ni se nourrir ni se loger.

Les catastrophes naturelles sont aussi à l'origine de la pauvreté et de la famine. Quand les champs sont inondés, les cultures sont détruites et les fermiers ne peuvent pas cultiver la terre. Les ouragans emportent les bâtiments, et les gens se retrouvent sans maison, sans travail et sans nourriture.

De plus, la température de la planète monte sans cesse. Le réchauffement climatique provoque des sécheresses et des intempéries. Quand les terres agricoles sont détruites, le prix de la nourriture augmente. Le monde compte alors plus de gens affamés.

La majorité de la population a les moyens d'avoir une habitation et de l'eau potable pour boire, se laver et cuisiner. Elle a les moyens d'acheter des médicaments et de payer un médecin en cas de maladie.

Les personnes démunies vivent souvent dans des habitations humides et froides, ou dorment dans la rue. Sans maison ni nourriture ou eau potable, elles tombent parfois malades. Sans argent, elles ne peuvent pas payer un médecin ou des médicaments pour se soigner.

La pauvreté rend la vie des enfants très dure. Certains doivent se passer de vêtements neufs ou de voyages scolaires et peuvent être harcelés à l'école. Peux-tu imaginer ce qu'ils subissent? C'est injuste qu'ils soient traités différemment parce qu'ils sont pauvres.

Parfois, les familles sont trop pauvres pour acheter les fournitures scolaires. Certains écoliers ont trop faim pour apprendre correctement. Adultes, ils auront des difficultés à trouver un emploi, et leurs enfants souffriront peut-être à leur tour de la faim.

$F=(a+b)^2$
$x=\frac{\pi}{2}+2\pi n$
$a \neq 0$
$ax^2+bx+c=0$

Les associations caritatives aident les familles et les enfants dans le besoin. Elles mettent en place des banques alimentaires auxquelles les gens donnent de la nourriture (par exemple, des boîtes de conserve) qui est redistribuée aux personnes démunies.

Ces associations aident les gens à améliorer leur vie. Dans certains pays, elles offrent des outils aux maçons ou des bateaux aux pêcheurs pour qu'ils puissent travailler. Elles informent la population afin d'inciter les plus aisés à donner de l'argent aux plus pauvres.

Les associations caritatives aident aussi les fermiers en leur prêtant de l'argent pour acheter des outils et des semences. Elles leur apprennent à utiliser des engrais pour que les récoltes soient plus abondantes.

Quand les fermiers ont plus de nourriture à manger et à vendre, leur famille a plus d'argent à dépenser pour l'école, les vêtements, les médicaments et d'autres nécessités.

Nous avons tous besoin d'eau potable pour être en bonne santé. Dans les pays en développement, les associations caritatives aident les habitants à construire des puits, des pompes et des toilettes pour qu'ils aient de l'eau à leur disposition et qu'ils ne tombent pas malades.

Ces associations aident aussi les gens à bâtir des hôpitaux, forment du personnel médical et fournissent des médicaments. Elles s'assurent que les bébés sont bien suivis afin qu'ils restent en bonne santé durant leur enfance et à l'âge adulte.

Il est difficile d'apprendre quand on a faim. Imagine que tu sois obligé d'aller à l'école le ventre vide. Tu aurais du mal à te concentrer et à te souvenir de tes leçons. Pour résoudre ce problème, certaines cantines scolaires offrent des repas gratuits.

Des organismes construisent des écoles et forment des enseignants dans les pays en développement. Il y a donc plus d'écoliers qui ont la chance de s'instruire et il leur sera plus facile d'avoir un emploi mieux payé quand ils seront adultes.

Il est normal d'être triste ou en colère parce que des gens souffrent de la pauvreté et de la faim, alors que d'autres possèdent tant de choses. Si tu es inquiet, parles-en à un adulte. Il pourra t'aider.

Sache que les choses s'améliorent tout le temps. Il y a moins de gens pauvres et affamés aujourd'hui qu'il y a 20 ans grâce aux personnes qui agissent et qui viennent en aide aux autres.

BOUTIQUE D'ENTRAIDE

Aider les autres fait du bien. Tu peux faire différentes choses, comme donner des jouets, des livres ou des vêtements à une boutique d'entraide. Tu peux aussi demander à tes parents de porter des conserves à une banque alimentaire. Pourquoi ne pas faire des gâteaux pour récolter de l'argent afin d'aider les personnes démunies autour de toi ou dans le monde? As-tu d'autres idées?

Dans la même collection

Le racisme et l'intolérance

La guerre et le terrorisme

Les réfugiés et les migrants

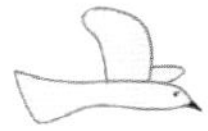
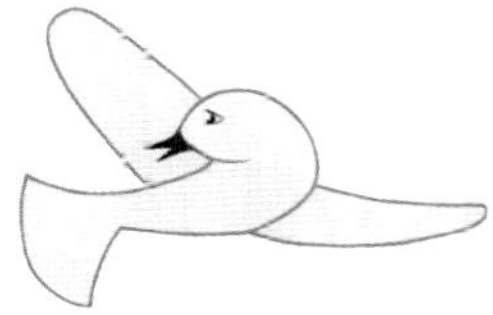
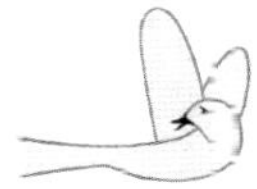

Glossaire

association caritative : groupe qui aide les personnes dans le besoin

banque alimentaire : endroit où les gens démunis peuvent obtenir de la nourriture gratuitement

catastrophe naturelle : événement qui provoque d'énormes dommages, comme une inondation ou un tremblement de terre

culture : ensemble de plantes cultivées pour être mangées

engrais : substance qui aide les plantes à devenir plus robustes

famine : manque de nourriture

handicap : condition d'une personne limitée dans ses actions parce qu'elle ne voit pas ou a des difficultés pour apprendre, par exemple

inondation : lorsque l'eau, à la suite de fortes pluies, envahit les terres et ravage les champs, les rues et les maisons

ouragan : tempête dangereuse, avec des vents puissants

pays en développement : pays où les habitants ont très peu d'argent, vivent moins longtemps et ont un accès limité à l'éducation par rapport aux pays développés

réchauffement climatique : augmentation de la température de notre planète

réfugié : personne qui quitte son pays pour un endroit plus sûr, en raison de la guerre ou de la pauvreté

sécheresse : lorsqu'il pleut très peu, voire pas du tout, dans une région pendant plusieurs mois ou années

Index